Wolfgang Grunsky
**Vertragsfreiheit und
Kräftegleichgewicht**

Schriftenreihe
der
Juristischen Gesellschaft zu Berlin

Heft 143

W
DE
G

1995
Walter de Gruyter · Berlin · New York

Vertragsfreiheit und Kräftegleichgewicht

Von
Wolfgang Grunsky

Vortrag
gehalten vor der
Juristischen Gesellschaft zu Berlin
am 25. Januar 1995

W DE G

1995
Walter de Gruyter · Berlin · New York

Dr. iur. *Wolfgang Grunsky,*
Universitätsprofessor für Bürgerliches Recht, Zivilprozeßrecht
und Arbeitsrecht an der Universität Bielefeld

⊗ Gedruckt auf säurefreiem Papier,
das die US-ANSI-Norm über Haltbarkeit erfüllt.

Die Deutsche Bibliothek – CIP-Einheitsaufnahme

Grunsky, Wolfgang:
Vertragsfreiheit und Kräftegleichgewicht : Vortrag, gehalten vor
der Juristischen Gesellschaft zu Berlin am 25. Januar 1995 / von
Wolfgang Grunsky. – Berlin ; New York : de Gruyter, 1995
(Schriftenreihe der Juristischen Gesellschaft zu Berlin ; H. 143)
ISBN 3-11-015036-0
NE: Juristische Gesellschaft <Berlin>: Schriftenreihe der Juristischen
...

I. Die Fragestellung und ihr Anlaß

Neben dem Privateigentum ist die Vertragsfreiheit die zweite Säule, auf der unsere Rechts- und Wirtschaftsordnung beruht. Dabei ist jede Säule unverzichtbar auf die andere angewiesen. Privateigentum ohne Vertragsfreiheit ist ebenso wenig denkbar wie umgekehrt Vertragsfreiheit, die keinerlei Möglichkeit gibt, Privateigentum zu erwerben. Aber auch ohne diese Querverbindung liegt auf der Hand, daß neue Weichenstellungen bei der Vertragsfreiheit nicht nur sorgfältig registriert und auf ihre konkreten Auswirkungen hin untersucht werden müssen, sondern daß vorrangig der Frage nachzugehen ist, ob die Weichen richtig gestellt sind oder den Zug nicht vielleicht ins Niemandsland oder noch schlimmer in den Abgrund fahren lassen.

Von einer neuen Weichenstellung bei der Vertragsfreiheit muß angesichts einiger Entscheidungen des Ersten Senats des Bundesverfassungsgerichts ab 1990 gesprochen werden[1]. Ohne daß diese schon hier im einzelnen dargestellt werden können, ist doch vorab festzuhalten, daß die Vertragsfreiheit hier aus grundgesetzlichen Erwägungen insofern stark eingeschränkt wird, als es um Fallgestaltungen geht, in denen zwischen den Parteien ein erhebliches Kräfteungleichgewicht besteht. Dabei soll sich aus Grundrechten der schwächeren Partei die Notwendigkeit ergeben, in die Vertragsfreiheit einzugreifen, wobei einstweilen dahingestellt bleiben kann, wie der Eingriff konkret auszusehen hat[2].

Daß die Vertragsfreiheit ebenso wie jede andere Freiheit Grenzen hat und haben muß, ist eine Selbstverständlichkeit, die keiner näheren Erörterung bedarf. Neben der Generalklausel des § 138 BGB reicht ein Blick auf die unübersehbare Fülle zwingender Rechtsnormen aus. Darüber hinaus ist schon lange vor Inkrafttreten des Grundgesetzes betont worden, daß es immanente Schranken der Vertragsfreiheit gibt, die von den Gerichten konkretisiert werden können und müssen[3]. Durch das Grundgesetz mit seinem alle staatliche Gewalt bindenden Grundrechtskatalog (Art. 1 Abs. 3 GG) ist diese Aufgabe einerseits drängender, andererseits insofern aber auch leich-

---

[1] Im einzelnen handelt es sich um die Senatsentscheidungen 1 BvR 26/84 v. 7. 2. 1990 (BVerfGE 81, 242) und 1 BvR 567, 1044/89 v. 19. 10. 1993 (BVerfGE 89, 214) sowie zuletzt um den Beschluß der 1. Kammer des Ersten Senats 1 BvR 1402/89 v. 5. 8. 1994 (NJW 1994, 2749).

[2] Zu den in Betracht kommenden zivilrechtlichen Möglichkeiten s. u. III 1.

[3] In diesem Sinne insbesondere *L. Raiser*, Das Recht der Allgemeinen Geschäftsbedingungen, 1935, S. 277 ff.

ter geworden, als die Gerichte in Gestalt der Grundrechte Kriterien haben, wie die Grenzziehung zu erfolgen hat. Obwohl der verfassungsrechtliche Aspekt der Vertragsfreiheit vorrangig darin gesehen wird, daß das Grundgesetz diese Freiheit garantiert, so daß sie vom einfachen Gesetzgeber zumindest nicht gänzlich beseitigt werden kann[4], kann kein Zweifel daran bestehen, daß die Grundrechte der Vertragsfreiheit auch Grenzen ziehen, durch die neben dem Gesetzgeber auch die Rechtsprechung gebunden ist.

Wenn die erwähnte Rechtsprechung des Ersten Senats hier aufgegriffen wird, kann es also nicht darum gehen, daß aus dem Grundgesetz Schranken der Vertragsfreiheit abgeleitet worden sind. Problematisch kann allenfalls sein – und nur darin besteht der Sinn der folgenden Ausführungen –, ob die vom Bundesverfassungsgericht konkret gezogene Grenze eines annähernden Kräftegleichgewichts der Parteien sinnvoll und aus dem Grundgesetz ableitbar ist.

II. Die einschlägigen Entscheidungen des Bundesverfassungsgerichts

Obwohl die schon erwähnten Entscheidungen des Bundesverfassungsgerichts zumindest in ihren Grundzügen als bekannt vorausgesetzt werden können, ist es geboten, sie wenigstens kurz zu referieren, um die sich anschließenden eigenen Überlegungen nicht der Gefahr von Mißverständnissen auszusetzen.

1. Das entschädigungslose Wettbewerbsverbot des Weinvertreters

Gegenstand der Entscheidung BVerfGE 81, 242[5] war die Wirksamkeit eines vertraglichen Wettbewerbsverbots eines Einfirmenhandelsvertreters für einen Wein und Sekt erzeugenden Unternehmer. Die Besonderheit des Wettbewerbsverbots bestand darin, daß es nur im Falle einer Kündigung des Vertragsverhältnisses durch den Unternehmer wegen eines von dem Vertreter verschuldeten wichtigen Grundes gelten sollte und die Zahlung einer Karenzentschädigung ausdrücklich ausgeschlossen war. Dies entsprach der in § 90 a Abs. 2 S. 2 HGB enthaltenen gesetzlichen Regelung.

Nachdem das Vertragsverhältnis vom Unternehmer wirksam fristlos gekündigt worden war (der Vertreter hatte während des Vertragsverhältnisses dem Unternehmer Wettbewerb gemacht), klagte der Unternehmer erfolgreich auf Unterlassung von Wettbewerb. Die gegen die klagstattgebenden Urteile des Oberlandesgerichts und des Bundesgerichtshofs ein-

---

[4] Zur verfassungsrechtlichen Garantie der Vertragsfreiheit s. *Schlechtriem*, 40 Jahre Grundgesetz, 1990, S. 39 ff.

[5] S. zu dieser Entscheidung *Wiedemann* JZ 1990, 695; *Hermes* NJW 1990, 1764; *Hillgruber* AcP 191 (1991), 69.

gelegte Verfassungsbeschwerde hatte Erfolg; die Verurteilung des Beschwerdeführers beruhe auf einer Verletzung seines Grundrechts aus Art. 12 Abs. 1 GG.

a) Der Gedankengang der Entscheidung ist nicht leicht nachzuvollziehen. Der unausgesprochene (wenn auch – wie sich zeigen wird – unrichtige) Ausgangspunkt besteht darin, daß der Ausschluß einer Karenzentschädigung im Falle seiner Unwirksamkeit nicht etwa dazu führt, daß dem Beschwerdeführer ein Entschädigungsanspruch zusteht, sondern vielmehr nur das Wettbewerbsverbot entfallen läßt. Da der Ausschluß der Entschädigung ausdrücklich vertraglich vereinbart war, kam es auf die Wirksamkeit dieser Vertragsklausel an. Da die Klausel nur das wiederholt, was § 90 a Abs. 2 S. 2 HGB ohnehin vorsieht, konnte sie allenfalls dann unwirksam sein, wenn diese gesetzliche Bestimmung ihrerseits verfassungswidrig ist. Bejaht man dies, so käme die in § 90 a Abs. 4 HGB enthaltene Unabdingbarkeit des § 90 a HGB zu Lasten des Handelsvertreters zum Tragen, was bedeuten würde, daß nach § 90 a Abs. 1 S. 3 HGB eine angemessene Entschädigung zu zahlen gewesen wäre[6]. Dagegen ist nicht ersichtlich, wie man über ein Ausschalten von § 90 a Abs. 2 S. 2 HGB dazu kommen kann, das Wettbewerbsverbot entfallen zu lassen, wie dies das Bundesverfassungsgericht befürwortet.

Den maßgeblichen Grund für die Verfassungswidrigkeit von § 90 a Abs. 2 S. 2 HGB sieht das Bundesverfassungsgericht darin, daß dort der typischen Verhandlungsschwäche des Handelsvertreters gegenüber dem mächtigeren Unternehmer nicht hinreichend Rechnung getragen wird, was seinerseits mit Art. 12 Abs. 1 GG nicht vereinbar sei[7]. Dieser Ansatz überrascht deswegen, weil es näher gelegen hätte, auf eine Verletzung des Gleichheitssatzes abzustellen, wie dies das BAG für die Parallelvorschrift des § 75 Abs. 3 HGB zum Wegfall der Entschädigungspflicht des Handlungsgehilfen getan hat[8]: Die Sanktionen für eine zur fristlosen Kündigung berechtigenden Vertragsverletzung müßten für beide Parteien vergleichbar sein, was deshalb nicht der Fall sei, weil der Handlungsgehilfe sich lediglich nach § 75 Abs. 1 HGB vom Wettbewerbsverbot lösen könne, womit ihm kein Entschädigungsanspruch zusteht, während der Arbeitgeber bei ver-

---

[6] Insoweit wäre die Rechtslage anders als beim Handlungsgehilfen, wo der Entschädigungsanspruch gemäß § 74 Abs. 2 HGB nicht gesetzlich besteht, sondern eine vertragliche Vereinbarung voraussetzt (s. dazu näher *Grunsky*, Wettbewerbsverbote für Arbeitnehmer, 2. Aufl. 1987, S. 62 ff).

[7] Ob sich daran dadurch etwas geändert hat, daß das Wettbewerbsverbot inzwischen nach § 90 a Abs. 1 S. 2, 2. Hs. HGB inhaltlich begrenzt worden ist, hat das BVerfG ausdrücklich offengelassen (BVerfGE 81, 242, 263). Für den zu entscheidenden Sachverhalt galt diese Einschränkung noch nicht.

[8] BAGE 29, 30 = AP § 75 HGB Nr. 6.

tragswidrigem Verhalten des Handlungsgehilfen nach wie vor Unterlassung von Wettbewerb verlangen könne, ohne die an sich geschuldete Gegenleistung erbringen zu müssen. Eben diese Situation bestand auch beim Handelsvertreter (§ 90 a Abs. 2 S. 2, Abs. 3 HGB). Weshalb das Bundesverfassungsgericht sich hier nicht der überzeugenden Begründung des Bundesarbeitsgerichts angeschlossen hat, ja auf diese nicht einmal eingegangen ist, bleibt unklar.

Obwohl es demnach aus mehreren Gründen für das Bundesverfassungsgericht auf die Problematik der Vertragsfreiheit nicht ankam, sind seine Ausführungen zu dieser Freiheit als richtungsweisend gedacht, weshalb sie nicht als bloßes obiter dictum abgetan werden können. Als solches sind sie nicht gemeint. Die späteren Entscheidungen des Bundesverfassungsgerichts zeigen vielmehr eindringlich, daß der eingeschlagene Weg konsequent weiter beschritten wird. Daß die Ausgangsentscheidung in ihrer Begründung nicht überzeugt und überdies eine Fallgestaltung betrifft, die man nicht gerade als besonders plastisches Beispiel für die Notwendigkeit einer Beschränkung der Vertragsfreiheit ansehen kann, ändert nichts daran, daß hier die maßgebliche Weichenstellung erfolgt ist, der nachzuspüren ist.

b) Die zentrale Passage der Entscheidung lautet: Schranken der Privatautonomie „sind unentbehrlich, weil Privatautonomie auf dem Prinzip der Selbstbestimmung beruht, also voraussetzt, daß auch die Bedingungen freier Selbstbestimmung tatsächlich gegeben sind. Hat einer der Vertragsteile ein so starkes Übergewicht, daß er vertragliche Regelungen faktisch einseitig setzen kann, bewirkt dies für den anderen Vertragsteil Fremdbestimmung. Wo es an einem annähernden Kräftegleichgewicht der Beteiligten fehlt, ist mit den Mitteln des Vertragsrechts allein kein sachgerechter Ausgleich der Interessen zu gewährleisten". In derartigen Sachlagen müsse durch staatliche Regelungen ausgleichend eingegriffen werden, und zwar in erster Linie durch den Gesetzgeber, darüber hinaus aber auch durch die Rechtsprechung bei der Konkretisierung und Anwendung von zivilrechtlichen Generalklauseln[9].

Da im Verhältnis des Unternehmers zum Handelsvertreter typischerweise ein Kräfteungleichgewicht bestehe, dem der Gesetzgeber in § 90 a Abs. 2 S. 2 HGB nicht hinreichend Rechnung getragen habe, sei es Sache der Gerichte gewesen, zugunsten des Beschwerdeführers ausgleichend einzugreifen. Daß dies nicht geschehen ist, stelle einen Verstoß gegen Art. 12 Abs. 1 GG dar.

---

[9] BVerfGE 81, 242, 254 ff.

2. Bürgschaftsübernahme durch mittellose Angehörige des Hauptschuldners

In den beiden anderen einschlägigen Entscheidungen des Bundesverfassungsgerichts[10] ging es um Bürgschaften für den Hauptschuldner durch enge Angehörige, die angesichts ihrer wirtschaftlichen Lage voraussichtlich Zeit ihres Lebens nicht in der Lage sein werden, im Falle ihrer Inanspruchnahme die eingegangene Verpflichtung zu erfüllen. Unter Berufung auf BVerfGE 81, 242, 255 betont das Bundesverfassungsgericht, daß bei einem starken Übergewicht einer Partei der Vertrag für die andere Partei Fremd- statt Selbstbestimmung bedeute[11]; ein angemessener Interessenausgleich sei mittels der Vertragsfreiheit nur bei einem annähernd ausgewogenen Kräfteverhältnis unter den Vertragspartnern zu erreichen; fehle es daran, so müsse es zu einem Ausgleich der gestörten Vertragsparität kommen, was insbesondere über die Generalklauseln des BGB geschehen könne[12].

Konkret folgert das Bundesverfassungsgericht daraus die Notwendigkeit einer Inhaltskontrolle bei einer Bürgschaftserklärung, die eine praktisch mittellose geschäftlich unerfahrene Tochter zur Sicherung eines ihrem Vater von der klagenden Sparkasse gewährten hohen Kredits abgegeben hatte. Die Bürgin hatte keinerlei eigenes Interesse an der Kreditgewährung; überdies war der Umfang der Bürgschaft für sie nur schwer erkennbar; außerdem wurden praktisch alle dispositiven Vorschriften des BGB zum Schutz des Bürgen abbedungen und das eingegangene Risiko verniedlicht („sie gehen keine große Verpflichtung ein, ich brauche das für meine Akten"). Wegen der Höhe der eingegangenen Verpflichtung war es der Bürgin schließlich voraussichtlich Zeit ihres Lebens unmöglich, auch nur die laufend anfallenden Zinsen zu zahlen. Alles dies spreche für eine ausgeprägte Unterlegenheit der Bürgin gegenüber der Sparkasse, weshalb eine Inhaltskontrolle des Bürgschaftsvertrags erforderlich sei. Wie diese Kontrolle auszusehen hat (Nichtigkeit nach § 138 Abs. 1 BGB; inhaltliche Anpassung nach § 242 BGB), führt das Bundesverfassungsgericht nicht aus. Dies ist Aufgabe des Bundesgerichtshofs, an den die Sache zurückverwiesen worden ist[13].

Um eine den Bürgen offensichtlich lebenslang überfordernde Bürgschaft ging es auch in der jüngsten Entscheidung des Bundesverfassungsgerichts[14].

---

[10] BVerfGE 89, 214; NJW 1994, 2749.

[11] BVerfGE 89, 214, 232.

[12] BVerfGE 89, 214, 233.

[13] Inzwischen hat der BGH entschieden, daß die Bürgschaft nach § 138 Abs. 1 BGB nichtig ist, wobei er vorrangig darauf abstellt, daß die Eltern die Tochter in sittenwidriger Weise beeinflußt hätten, was sich die Sparkasse zurechnen lassen müsse (BGH NJW 1994, 1341).

[14] NJW 1994, 2749.

Dort hatten die 20jährige Tochter und ihr nur unwesentlich älterer Verlob-
ter, die beide keine qualifizierte berufliche Ausbildung hatten, für einen
Kredit der Eltern anläßlich eines Hausbaus in Höhe von mehr als einer vier-
tel Million DM gebürgt. Die Verfassungsbeschwerde gegen das der Klage
der Gläubigerin stattgebende Urteil wurde von der 2. Kammer des Ersten
Senats angenommen und wegen Verstoßes der Entscheidung gegen Art. 2
Abs. 1 GG für offensichtlich begründet erklärt. Die Begründung entspricht
der der ersten Bürgschaftsentscheidung, d. h. das Gericht bejahte angesichts
der deutlichen Verhandlungsunterlegenheit der Bürgen die Notwendigkeit
einer Korrektur des Vertrags mit Hilfe der zivilrechtlichen Generalklauseln. Wie diese Korrektur konkret auszusehen hat, wird vom Bundesverfassungsgericht erneut nicht präzisiert.

3. Einordnung der Rechtsprechung des Bundesverfassungsgerichts

Die dargestellte Rechtsprechung des Bundesverfassungsgerichts ist in
ihrer zentralen Aussage keineswegs neu, sondern knüpft – wie *Adomeit* zutreffend betont[15] – an die Kritik der Vertragsfreiheit der sog. 68-er-Bewe-
gung an. Ein zentrales Anliegen der seinerzeitigen Kapitalismuskritik bestand darin, die Vertragsfreiheit als eine Art Einbahnfreiheit zu entlarven,
die es dem mächtigen Vertragspartner erlaubt, seine Interessen rücksichts-
los dem Schwächeren gegenüber durchzusetzen. Zumindest gelte dies im
sog. Spätkapitalismus (was immer das sein mag), in dem das Machtgefälle
zwischen mächtigen Unternehmen und den ihnen ausgelieferten Konsu-
menten charakteristisch sei. Von einem angemessenen Interessenausgleich
zwischen den Vertragspartnern könne damit nicht mehr die Rede sein. Für
den Schwachen sei die Vertragsfreiheit letztlich nichts anderes als die Freiheit, sich vom Starken auffressen zu lassen.

Auch wenn das Bundesverfassungsgericht aus diesem Befund im Gegen-
satz zur 68-er-Bewegung nicht den Schluß zieht, das Gesellschaftssystem
müsse grundlegend verändert werden, sondern auf systemimmanente Ausgleichsmöglichkeiten zurückgreift, läßt sich nicht übersehen, daß die Dia-
gnose des Bundesverfassungsgerichts im wesentlichen mit der der 68-er-Be-
wegung übereinstimmt. Erst bei der Therapie trennen sich die Wege.

Über Wert bzw. Unwert der Rechtsprechung des Bundesverfassungsgerichts ist damit selbstverständlich noch nichts gesagt. Vor allem muß man
sich davor hüten, eine Idee nur deswegen verwerfen zu wollen, weil sie auf
einem politischen Feld gewachsen oder zumindest auch angepflanzt worden ist, dem man nicht vorbehaltlos das Gütesiegel der Rechtsstaatlichkeit
zuerkennt. Wir Deutschen tun uns in dieser Hinsicht zwar besonders
schwer, doch ändert dies nichts daran, daß ein gestörtes Verhältnis zu

---

[15] NJW 1994, 2467.

Grundwerten unseres Gesellschaftssystems für sich allein nichts darüber aussagt, ob in diesem Zusammenhang vertretene Auffassungen nicht doch berechtigt sind. Es wäre verhängnisvoll, wenn man dem Bundesverfassungsgericht den Stempel der 68-er-Bewegung aufdrücken wollte und meinte, damit der inhaltlichen Auseinandersetzung enthoben zu sein. Überdies werden die Notwendigkeit eines Kräftegleichgewichts als Voraussetzung der Vertragsfreiheit sowie das häufige Fehlen dieses Gleichgewichts seit längerem auch im juristischen Schrifttum hervorgehoben, woraus die Folgerung gezogen wird, daß jenseits der Vertragsfreiheit Verfahren zur Schaffung von Vertragsgerechtigkeit entwickelt werden müßten[16]. Eben diese Richtung verfolgt auch das Bundesverfassungsgericht in den erwähnten Entscheidungen.

III. Kritik der Auffassung vom Kräftegleichgewicht als Voraussetzung der Vertragsfreiheit

1. Unerheblichkeit der Art des Eingriffs in die Vertragsfreiheit

Die in unserem Zusammenhang allein interessierende Frage lautet, ob dem Bundesverfassungsgericht in der Annahme zuzustimmen ist, daß bei Kräfteungleichgewicht zwischen den Vertragsparteien zum Schutze der schwächeren Partei Eingriffe in die Vertragsfreiheit geboten sind, um zu einem angemessenen Interessenausgleich zu kommen. Demgegenüber ist es von untergeordnetem Interesse, wie der Eingriff konkret auszusehen hätte. Hier sind zahlreiche Wege denkbar, und zwar auch bei dem vom Bundesverfassungsgericht favorisierten Einsatz der zivilrechtlichen Generalklauseln. Neben einer Nichtigkeit nach § 138 BGB[17] kommt vor allem das umfangreiche Instrumentarium des § 242 BGB in Betracht. Weiter kann an Schadensersatzansprüche aus culpa in contrahendo sowie an Anfechtungsmöglichkeiten gedacht werden.

Alles das wird jedoch erst dann relevant, wenn vorab die Würfel im Sinne einer Begrenzung der Vertragsfreiheit im Falle eines Kräfteungleichgewichts zwischen den Vertragsparteien gefallen sind. Erweist sich dieser erste Schritt als verfehlt, dann stellt sich die Frage nach der Art des Eingriffs nicht mehr.

---

[16] S. insbesondere *Zweigert/Kötz*, Einführung in die Rechtsvergleichung, Bd. II, 2. Aufl. 1984, S. 10, und weiter MünchKomm BGB-*Kramer*, Bd. 1, 3. Aufl. 1993, vor § 145 Rdnr. 2 ff. Näheres zu den Ansätzen im monographischen Schrifttum s. bei *Limbach* KritV 1986, 165 ff.

[17] Die vom Bundesverfassungsgericht in seinen Bürgschaftsentscheidungen nicht ausgesprochen worden ist (insoweit zutreffend gegen *Adomeit*, aaO, *Rittner* NJW 1994, 2467), vom Begründungskontext her aber naheliegt.

2. Maßgeblichkeit der Ausgeglichenheit des Marktes

a) Wer für ein Kräftegleichgewicht zwischen den Parteien als Voraussetzung der Vertragsfreiheit eintritt, denkt in aller Regel an ein wirtschaftliches Kräftegleichgewicht[18]. Fehlt es daran, so könne der wirtschaftlich Mächtige dem Schwachen die Vertragsbedingungen diktieren, womit von einem angemessenen Ausgleich der Interessen keine Rede mehr sein könne. Typisches Beispiel ist etwa das wirtschaftliche Machtgefälle zwischen Banken bzw. Sparkassen und ihren Kunden: Da der Kunde auf Kredit angewiesen ist, während die Bank es sich ohne weiteres leisten kann, auf einzelne Kreditkunden zu verzichten, habe sie es in der Hand, die Kreditbedingungen einseitig festzusetzen, ohne auf die berechtigten Interessen des Kunden Rücksicht nehmen zu müssen.

Macht man mit der Vorstellung ernst, Vertragsfreiheit setze ein ungefähres Kräftegleichgewicht auf wirtschaftlicher Ebene voraus, so stellt sich unwillkürlich die Frage, wie es möglich ist, daß wir es in unserer Rechts- und Wirtschaftsordnung bisher geschafft haben, trotz Vertragsfreiheit zu einer einigermaßen angemessenen Verteilung von Gütern zu insgesamt angemessenen Bedingungen zu kommen. Von einem Kräftegleichgewicht zwischen den Parteien kann nämlich so gut wie nie die Rede sein. In einer primitiven Tauschwirtschaft mag ein Kräftegleichgewicht noch vorstellbar sein, nicht aber in einer hochdifferenzierten arbeitsteiligen Wirtschaft.

Zur Bestätigung dessen reichen banale Alltagsbeobachtungen aus. Praktisch kein Kunde einer Bank hat ein wirtschaftliches Machtpotential, das auch nur entfernt an das der Bank heranreicht. Gleiches gilt für die Anbieter der weitaus meisten anderen Güter, auf die wir angewiesen sind oder auf die wir zumindest nicht bereit sind, zu verzichten. Wer ein Auto kauft, kann sich ebenso wenig wirtschaftlich mit dem Hersteller messen wie der Käufer von Benzin, Waschmitteln, Kaffee oder einer Tageszeitung. Gleichwohl besteht im wesentlichen Einigkeit darüber – und dies dürfte auch das Bundesverfassungsgericht nicht anders sehen –, daß alle diese Güter trotz des großen Machtgefälles zwischen den Vertragsparteien zu angemessenen Bedingungen zu haben sind, weshalb niemand auf die Idee kommt, hier müsse in die Vertragsfreiheit eingegriffen werden.

Dabei macht es auch keinen Unterschied, ob wir es mit einem nur geringen Machtgefälle zu tun haben, bei dem man salopp gesprochen „fünfe noch gerade lassen sein kann", oder ob zwischen den Machtpositionen der Parteien Welten liegen. Auch in diesem Fall führt die Vertragsfreiheit trotz Vorliegens einer „typisierbaren Fallgestaltung, die eine strukturelle Unter-

---

[18] Dazu, daß auch das Bundesverfassungsgericht in diesem Sinne zu verstehen ist, s. u. b).

legenheit des einen Vertragsteils erkennen läßt"[19] zu keinen Gerechtig-
keitsdefiziten beim Vertragsinhalt.

Fragt man sich, weshalb die Vertragsfreiheit trotz der teilweise geradezu
astronomischen Machtunterschiede einigermaßen funktioniert (auf jeden
Fall besser als alles andere, was bisher versucht worden ist), so liegt die Ant-
wort auf der Hand: Maßgeblich ist nicht das Kräftegleichgewicht zwischen
den konkreten Vertragsparteien, sondern die Ausgeglichenheit des gesam-
ten Marktes und das Vorhandensein von Wettbewerb, der es dem wirtschaftlich Schwachen ermöglicht, einem ihm nicht zusagenden Angebot
durch ein Überwechseln zum Konkurrenten des Anbieters auszuweichen.
Machen davon genügend Schwache Gebrauch, so ist es um die Machtpo-
sition des vermeintlich Starken schnell geschehen, wofür spektakuläre In-
solvenzfälle oder zumindest schwere wirtschaftliche Krisen großer Unternehmen eindrucksvoll Beweis erbringen.

Das Problem des Vertragsdiktats und der darin liegenden Fremdbestimmung einer Partei durch die andere ist also nicht das Ergebnis eines Machtgefälles zwischen den konkreten Vertragsparteien, sondern stellt sich nur
dann, wenn entweder ein deutliches Marktungleichgewicht besteht oder
wenn es auf einer Seite (typischerweise der Anbieterseite) an Wettbewerb
fehlt.

b) Von einem Kräfteungleichgewicht und einer typisierbaren Fallgestaltung mit struktureller Unterlegenheit einer Vertragspartei kann allerdings
auch in anderer Hinsicht als einem rein wirtschaftlichen Machtgefälle zwischen den Vertragsparteien gesprochen werden. Die Überlegenheit einer
Partei kann vielmehr im besseren wirtschaftlichen und rechtlichen Durch-
blick bestehen, der es ihr ermöglicht, die andere Partei zu einem Vertrags-
abschluß zu bewegen, dessen Bedeutung von dieser nicht in seiner vollen
Tragweite erkannt wird. Plastische Beispiele hierfür sind die vom Bundesverfassungsgericht entschiedenen Bürgschaftsfälle. Charakteristisch sind
hier die Unerfahrenheit des Bürgen, die Verniedlichung seines Risikos und
die verheerenden Folgen in Gestalt einer lebenslangen Verschuldung, die
nie mehr beseitigt werden kann.

In derartigen Situationen ist die Vertragsfreiheit durchaus betroffen und
es kann zu einem für die unerfahrene Partei fremdbestimmten Vertrag kommen. Dies mag auch ein verfassungsrechtliches Gebot begründen, zum
Schutze der Vertragsfreiheit der unerfahrenen Partei einzugreifen, wie dies
das Bundesverfassungsgericht mit seiner Bürgschaftsrechtsprechung getan
hat. Will man nicht Mißverständnissen Vorschub leisten, muß man jedoch
klarstellen, daß es dabei um eine ganz andere Art von ungleicher Verhand-
lungsstärke als bei einem wirtschaftlichen Machtgefälle geht. Diese Klar-

---

[19] So wörtlich BVerfGE 89, 214, 232.

stellung findet sich in den Bürgschaftsentscheidungen des Bundesverfassungsgerichts leider nicht. Es spricht auch alles dafür, daß das Bundesverfassungsgericht die gebotene Differenzierung gar nicht im Auge hat, sondern in allen einschlägigen Fällen unterschiedslos von einem wirtschaftlichen Machtgefälle ausgeht.

In beiden Bürgschaftsentscheidungen wird bei dem zentralen Stichwort „Fremdbestimmung" auf die Weinvertreterentscheidung Bezug genommen[20], was dafür spricht, daß die Problematik wohl als gleichgelagert angesehen wird. Bei dem Weinvertreter ging es aber eindeutig allenfalls um ein wirtschaftliches Machtgefälle[21]. Anhaltspunkte für eine Unerfahrenheit des Handelsvertreters in geschäftlichen Dingen, die vom Unternehmer ausgebeutet worden sein könnte, sind auch nicht ansatzweise erkennbar. Für die Einordnung des Verhandlungsungleichgewichts durch das Bundesverfassungsgericht in den Bürgschaftsentscheidungen als ein rein wirtschaftliches Ungleichgewicht spricht weiter die Bezugnahme auf zivilrechtliche Monographien, bei denen es vorrangig um den Ausgleich eines wirtschaftlichen Ungleichgewichts zwischen den Parteien geht[22].

3. Vertragsfreiheit bei nicht funktionierendem Markt

Das wirtschaftliche Übergewicht einer Partei hat sich für die Vertragsfreiheit solange als unschädlich erwiesen, als ein funktionierender Markt besteht, der es dem wirtschaftlich Schwächeren ermöglicht, auf einen anderen Anbieter auszuweichen. Auch wenn ihm dieser ebenfalls wirtschaftlich überlegen ist, sorgt der Wettbewerb unter den Anbietern dafür, daß letztlich Vertragsgerechtigkeit i. S. eines angemessenen Interessenausgleichs zustandekommt. Darin liegt auch nicht etwa ein naiver Harmonieglaube oder die realitätsblinde Verabsolutierung eines rein gedanklichen Modells. Den Vorwurf der Realitätsblindheit muß sich vielmehr derjenige gefallen lassen, der meint, die Vertragsfreiheit sei immer nur die Freiheit der Mächtigen.

Grundlegend anders sieht es dann aus, wenn der Markt nicht funktioniert. Hier droht in der Tat die Gefahr der rücksichtslosen einseitigen

---

[20] BVerfGE 89, 214, 232; NJW 1994, 2749, 2750.

[21] An dem man freilich auch zweifeln kann; immerhin war es dem Vertreter vor der Aufnahme des vertragswidrigen Wettbewerbs gelungen, bei dem Unternehmer eine erhebliche Verbesserung der Vertragsbedingungen durchzusetzen (darauf weist zutreffend *Hillgruber* AcP 191, 69, 79 hin).

[22] Ausdrücklich erwähnt werden *Preis*, Grundfragen der Vertragsgestaltung im Arbeitsrecht, 1993, S. 216 ff; *Hönn*, Kompensation gestörter Vertragsparität, 1982. Die in diesem Zusammenhang gemachte Aussage, es bestehe heute weitgehend Einigkeit darüber, daß die Vertragsfreiheit nur bei annähernd ausgewogenem Kräfteverhältnis der Parteien als Mittel für einen angemessenen Interessenausgleich taugt (BVerfGE 89, 214, 233), gibt freilich den Meinungsstand nicht richtig wieder (zutreffend *Rittner* NJW 1994, 3330).

Interessendurchsetzung in Gestalt von Vertragsdiktaten, so daß aus Selbstbestimmung Fremdbestimmung wird. Hier – aber erst hier – sind die Überlegungen des Bundesverfassungsgerichts zur verfassungsrechtlichen Notwendigkeit eines Eingriffs in die dann nur noch formale Vertragsfreiheit berechtigt. Dabei ist auch nicht notwendig, daß es sich um Verträge mit einer ungewöhnlichen Belastung für die zu schützende Partei handelt[23]. Auch Verträge, die die Partei wirtschaftlich verkraften kann, die ihr aber wegen des Fehlens eines funktionierenden Marktes praktisch aufgezwungen worden sind, wären nicht mehr das Ergebnis einer freien Selbstbestimmung. Mit Fallgestaltungen eines nicht funktionierenden Marktes hatten es die bisher vorliegenden Entscheidungen des Bundesverfassungsgerichts aber nicht zu tun; zumindest findet sich in den Entscheidungen dazu keine Aussage[24].

Unerheblich ist bei alledem, warum es an einem funktionierenden Markt fehlt. Dies kann neben im weitesten Sinne notstandsähnlichen Umständen (Krieg, Naturkatastrophen) vor allem an einer Ausschaltung des Wettbewerbs durch Monopole oder Kartellabsprachen liegen. Nicht vergessen werden dürfen aber auch gewisse Tätigkeiten des Gesetzgebers, die den Markt durch eine Fülle zwingender Vorschriften zum Schutz einer Vertragspartei praktisch erdrosseln und dadurch überhaupt erst die Notwendigkeit immer weiterer Eingriffe in die Vertragsfreiheit schaffen. Plastischstes Beispiel ist die gesetzliche Regulierung der Wohnraummiete, wo kaum ein Zweifel daran bestehen kann, daß die schwache Stellung des Mieters, die Eingriffe zu seinen Gunsten erfordert, weitgehend auf der Fülle von zwingenden Vorschriften beruht, die seinem Schutz dienen, damit aber den Markt praktisch kaputtgemacht haben, der seinerseits zu einem interessengerechten Ausgleich der Verhandlungspositionen beigetragen hätte.

IV. Stellungnahme zur Rechtsprechung des Bundesverfassungsgerichts

Die vorangegangenen kritischen Ausführungen gegenüber dem vom Bundesverfassungsgericht verlangten Kräftegleichgewicht als notwendige Voraussetzung der Vertragsfreiheit wären unvollständig, wenn daraus nicht abschließend Folgerungen für die vom Bundesverfassungsgericht entschiedenen Fallgestaltungen gezogen würden.

---

[23] Auf die besonders starke Belastung stellt neben anderen Eingriffsvoraussetzungen BVerfGE 89, 214, 232 und NJW 1994, 2749, 2750 ab.
[24] S. zu diesem Aspekt auch u. IV 2 b bb.

1. Das entschädigungslose Wettbewerbsverbot des Weinvertreters

Im Falle des Weinvertreters bestand keinerlei Notwendigkeit, sich mit dem Problemkreis von Vertragsfreiheit bei einem Machtgefälle zwischen den Parteien zu beschäftigen. Die richtige Lösung bestand darin, daß § 90 a Abs. 2 S. 2 HGB wegen Verstoßes gegen Art. 3 Abs. 1 GG zwar verfassungswidrig ist (insoweit ist dem Bundesverfassungsgericht wenigstens im Ergebnis zu folgen). Daraus ergibt sich jedoch nicht, daß das Wettbewerbsverbot entfiel, sondern lediglich, daß dem Handelsvertreter dafür eine angemessene Entschädigung zustand. Diese konnte er immer noch geltend machen, da insoweit keine den Anspruch ablehnende Entscheidung vorlag. Die gegen die Verurteilung zur Unterlassung von Wettbewerb gerichtete Verfassungsbeschwerde hätte selbst dann keinen Erfolg haben dürfen, wenn man mit dem Bundesverfassungsgericht meint, es liege ein Fall gestörter Verhandlungsparität vor.

2. Bürgschaftsfälle

a) Besser muß die Stellungnahme zu den Bürgschaftsentscheidungen ausfallen. Zivilrechtlich bieten sich hier mehrere Möglichkeiten an, eine Zahlungspflicht der unerfahrenen Bürgen zu verneinen. In erster Linie ist dabei an § 138 Abs. 1 BGB zu denken[25]. Damit allein war dem Bundesverfassungsgericht freilich deshalb nicht geholfen, weil es ja einen Grundrechtsverstoß brauchte, um die für unrichtig gehaltenen Entscheidungen der ordentlichen Gerichte aufheben zu können. Als verletztes Grundrecht kam dabei nur Art. 2 Abs. 1 GG in Betracht, wobei es wiederum um die Vertragsfreiheit als eine besondere Form des Rechts zur freien Entfaltung der Persönlichkeit ging. Dabei ist die Brücke zu § 138 Abs. 1 BGB leicht zu schlagen. Die sich in der Vertragsfreiheit realisierende Selbstbestimmung setzt neben der vom Bundesverfassungsgericht in den Vordergrund gerückten Möglichkeit eines Verhandelns auf wirtschaftlich vergleichbaren Ebenen außerdem einen informierten Partner voraus, der weiß, worauf er sich einläßt und was das für ihn für Folgen haben kann. Fehlt es daran, dann verfehlt die Vertragsfreiheit ihren Zweck, und zwar unabhängig davon, ob man diesen Zweck in einer rein voluntaristischen Legitimation des Vertrags sieht („stat pro ratione voluntas") oder zutreffend darüber hinaus auch darin, daß über die Vertragsfreiheit Vertragsgerechtigkeit i. S. eines angemessenen Interessenausgleichs herbeigeführt werden soll. Ob man zivilrechtlich hier bei § 138 Abs. 1 BGB, § 242 BGB oder bei culpa in contrahendo ansetzen will, ist unerheblich. Bei allen denkbaren Ansatzpunkten ist es immer so, daß wir es mit einer gestörten Selbstbestimmung und einer nicht vollwertigen Ver-

---

[25] So denn jetzt auch BGH NJW 1994, 1341 in dem Fall BVerfGE 89, 214.

tragsfreiheit zu tun haben, worin eine Verletzung von Art. 2 Abs. 1 GG liegen kann.

Ohne daß hier auf die Einzelheiten der entschiedenen Fallgestaltungen eingegangen werden kann, spricht demnach viel dafür, daß die beiden Bürgschaftsentscheidungen im Ergebnis richtig sind. Kritik ist jedoch insofern anzumelden, als in den Begründungen der Eindruck erweckt wird, das Ergebnis folge aus einem wirtschaftlichen Machtgefälle zwischen der Gläubigerbank und den Bürgen. Darum ging es nicht. Entscheidend war vielmehr der Wissensvorsprung der Bank und ihre bessere Übersicht über die wirtschaftliche Bedeutung der verlangten und gewährten Bürgschaften.

b) aa) Das soeben Gesagte muß zur Vermeidung von Mißverständnissen noch in zweierlei Hinsicht abgesichert werden. Zunächst liegt der Einwand nahe, für die Schaffung der intellektuellen Voraussetzungen zur sachgerechten Wahrnehmung der eigenen Vertragsfreiheit sei jeder selbst verantwortlich. Fehle es ihm an der nötigen Erfahrung und den erforderlichen Kenntnissen, so sei es seine Sache, fachkundige Berater hinzuzuziehen und so das Erfahrungs- und Kenntnisdefizit auszugleichen; tue er das nicht, so gehe es nicht an, die eingegangenen Verpflichtungen deswegen nicht erfüllen zu wollen, weil man Opfer der eigenen Unerfahrenheit geworden ist.

Dieser Einwand ist grundsätzlich berechtigt. Zu betonen ist jedoch, daß es Fallgestaltungen gibt, in denen die Partei mit der besseren Übersicht den Vertragsschluß als reine Routine hinstellt, ohne daß damit für die andere Partei nennenswerte Risiken verbunden seien (Stichwort „für die Akten"). Im Einzelfall kann es weiter sein, daß die intellektuell überlegene Partei eine Aufklärungspflicht trifft und sie die andere Partei nicht sehenden Auges in ihr Unglück rennen lassen darf. Im einzelnen ist der Grenzverlauf sicher nur schwer zu bestimmen, doch ändert dies nichts daran, daß es sowohl Fallgestaltungen gibt, in denen die unerfahrene Partei die Suppe selbst auslöffeln muß, als auch solche, in denen die überlegene Partei pflichtwidrig gehandelt hat und deshalb zu ihren Lasten ein wie immer gearteter Eingriff in den Vertrag geboten ist.

In den vom Bundesverfassungsgericht entschiedenen Bürgschaftsfällen spricht vieles dafür, eine Pflichtwidrigkeit der Bank zu bejahen. Vor allem die routinemäßige Behandlung der Sache, als ob es eine Selbstverständlichkeit sei, daß die verlangten Bürgschaften gewährt werden, mußte bei den Bürgen maßgeblich zu der Vorstellung beitragen, daß es überflüssig und nur mit unnötigen Kosten verbunden war, „sich schlau zu machen".

bb) In einem letzten Punkt ist an den Bürgschaftsentscheidungen allerdings noch einmal Kritik anzubringen. Dabei ist erneut auf Ausgleichsmöglichkeiten am Markt zurückzukommen. Bei beiden Bürgschaftssachverhalten fällt auf, daß sich die Bürgschaften bei normalem Verlauf der Dinge (kein Lottogewinn oder unerwartete Erbschaft) im absoluten Unsinnsbereich bewegten. Für die Bank stellten sie im Ernstfall keinerlei

Sicherung für ihr Darlehen dar. Angesichts dessen drängt sich die Frage auf, weshalb nicht versucht worden ist, den Kredit anderweitig aufzunehmen. Will man den deutschen Banken und Sparkassen nicht insgesamt unterstellen, daß sie durchgehend auf unsinnigen Sicherheiten bestehen, dann müßte es eigentlich möglich gewesen sein, die Finanzierung der Projekte ohne die Bürgschaften zu erreichen (es sei denn, die Projekte waren ihrerseits schon nicht sinnvoll, woran sich durch die Bürgschaften freilich nichts geändert hätte). Dies könnte dafür sprechen, die Bürgen doch an ihrer Verpflichtung festzuhalten. Wer das angestrebte Ziel ohne eine vermeidbare Verpflichtung erreichen kann, erscheint nicht schutzwürdig, wenn er von dieser Möglichkeit keinen Gebrauch macht.

Ein abschließendes Urteil darüber ist hier freilich nicht möglich. Die Unerfahrenheit der Bürgen kann soweit gehen, daß sie auf diesen Ausweg gar nicht gekommen sind oder es wegen der Verniedlichung des Risikos als nicht der Mühe wert angesehen haben, sich darum zu kümmern. Vielleicht ist der Optimismus, daß nicht alle Banken auf einer Bürgschaft bestanden hätten, auch unberechtigt. Zur Abrundung des Gesamtbildes hätte man zu diesem Gesichtspunkt vom Bundesverfassungsgericht allerdings gerne etwas vernommen.

V. Fazit

Thesenartig lassen sich die vorstehenden Überlegungen wie folgt zusammenfassen:

1. Ein wirtschaftliches Kräftegleichgewicht zwischen den Vertragsparteien ist zur Wahrnehmung einer selbstbestimmten Vertragsfreiheit solange nicht erforderlich, als ein funktionierender Markt besteht. In diesem Fall sorgt der Wettbewerb dafür, daß es zu interessengerechten Vertragsbedingungen kommt.

2. Bei einem (aus was für Gründen auch immer) nicht funktionierenden Markt ist dagegen die Gefahr einer Fremdbestimmung unter der falschen Flagge der Vertragsfreiheit gegeben. Verfassungsrechtlich kann darin die Verletzung des Rechts der schwächeren Partei auf freie Entfaltung ihrer Persönlichkeit liegen.

3. Außer auf der wirtschaftlichen Ebene kann ein Verhandlungsungleichgewicht auch im Bereich des Überblicks über die rechtlichen und wirtschaftlichen Folgen eines Vertrags liegen. Hier ist die Gefahr einer in Wirklichkeit fremdbestimmten Vertragsfreiheit größer als bei einem rein wirtschaftlichen Machtgefälle. Dies kann nicht nur zivilrechtliche, sondern auch verfassungsrechtliche Rechtsfolgen haben (Verletzung von Art. 2 Abs. 1 GG).

4. Gegenüber der Rechtsprechung des Bundesverfassungsgerichts zu einem annähernden Kräftegleichgewicht zwischen den Vertragsparteien als

Voraussetzung der Vertragsfreiheit bestehen Bedenken. In der Leitentscheidung BVerfGE 81, 242 („Weinvertreter") kam es darauf nicht an. Abgesehen davon kann dem Bundesverfassungsgericht insoweit nicht zugestimmt werden. Bei den späteren Bürgschaftsentscheidungen spricht demgegenüber vieles dafür, daß das Ergebnis Beifall verdient, doch wird zu wenig klar, daß maßgeblich dafür nicht ein wirtschaftliches, sondern ein rein intellektuelles Machtgefälle ist, das es der Bank erlaubt hat, Bürgschaften zu erhalten, bei denen die Bürgen die eingegangenen Risiken nicht übersehen haben.

Man muß kein Prophet sein, um die Aussage zu wagen, daß sich das Bundesverfassungsgericht mit seinen mißverständlichen Entscheidungen noch einigen Ärger in Gestalt von erheblichem Arbeitsanfall einhandeln wird. Je eher hier eine Klarstellung erfolgt, um so geringer ist der Schaden, und zwar nicht nur für das Bundesverfassungsgericht, sondern auch für manche Vertragspartei, der keine unrealistischen (wohl aber kostspielige) Hoffnungen auf einen „Karlsruher Ausstieg" aus unbedacht eingegangenen Verpflichtungen gemacht werden sollte.

www.ingramcontent.com/pod-product-compliance
Lightning Source LLC
Chambersburg PA
CBHW050652190326
41458CB00008B/2533